QUELQUE CHOSE À DIRE

QUELQUE CHOSE À DIRE

KING MALIBA

IERP inc.

AVANT PROPOS

Cet abécédaire poétique a été composé tout au long d'une vingtaine d'années de vie plus ou moins harmonieuse avec le monde. Fruit de ma passion et arme de ma patience, cette œuvre a pour vocation de vous faire vivre toute la beauté et la pureté de la poésie, de A à Z. Au fil des pages, je vous ferai voyager de mon enfance à Danané (Côte d'Ivoire) jusqu'à mes études doctorales à Trois-Rivières (Québec, Canada), en passant par Paris (France), sans oublier Bamako (Mali), au cœur de ma mère.

Au cœur de ma mère, au Mali, dans ce pays majestueux et authentique tout me parlait. Et je répondais comme un naïf qui cherchait à grandir plus vite que son époque, plus vite que le temps qui me semblait parfois arrêté. Je répondais à la pluie qui nous empêchait souvent de travailler tranquillement dans les salles de classe. Je répondais, abasourdi, au boucan affolant du Grand Marché de Bamako. Je répondais aux violences faites aux femmes, à toutes les femmes de mon Afrique. Je répondais à l'insulte morale des personnes dites riches envers les pauvres gens. Aussi, depuis Paris, je répondais à la douleur de l'Enfance bafouée et sacrifiée des rues de Bamako, et de l'Afrique tout entière. Cette enfance oubliée des bancs de l'école. Cette enfance innocente laissée à elle-même. Ces enfants sans parents, sans terre, sans pays, sans continent, sans président. Je répondais à certains dirigeants farfelus et vulgaires de l'Afrique, ce continent malade, sans défense immunitaire. Ce continent malade, car trop fragile pour déjouer les tours de l'atrocité diplomatique et de son masque derrière lequel se cachent les pompiers d'un autre genre. Je répondais et je répondrai toujours, car je suis de ceux qui essayent de panser, à l'aide de mots, les douleurs de la vie et les cris du cœur de l'humanité.

L'humanité est le cœur de ma poésie. L'humanité est d'une complexité qu'elle pourrait renverser le monde d'une seconde à l'autre, et cela dans tous les sens du terme. L'Animal est-il parfois plus humain que l'Homme? En tout cas, j'ai vu et entendu tant de preuves de l'animosité humaine. Je pense au goût amer de cette traite humaine, dite négrière. Je pense malheureusement à Hitler. Je pense au Grand Congo meurtri et mutilé par ce Léopold II. Je pense à l'Afrique du Sud de Mandela, noyé sous ce nuage lugubre et nauséabond de l'apartheid. Je pense aussi au génocide du Rwanda. Je pense encore au Sierra Leone et au Liberia. Je pense à la Somalie et à la Syrie. Je pense aussi à l'Afghanistan. Je pense... je pense... et j'en passe. Ma pensée inonde les canaux de mes yeux. La tristesse absolue atteint mes os. Pour me soulager, je conclus en écrivant : "l'Homme, par sa bêtise sans faille, est devenu l'ennemi numéro un de lui-même". Fort heureusement, mes mots essuient mes larmes et adoucissent mon âme qui se trouve parfois perdue dans ce gigantesque et grotesque "quelque chose" qu'on appelle "Monde". Que serais-je devenu si je ne savais pas écrire ? Et que serais-je devenu si je ne savais pas lire dans ce monde? Ce monde qui, parfois, dénie l'existence même de l'Amour avec un grand A.

L'Amour est le mot d'ordre du poète : c'est parce que le poète aime ou n'aime pas qu'il écrit pour apprécier, pour encourager ou encore pour dénoncer.

Venir d'Afrique et ne pas avoir QUELQUE CHOSE À DIRE, c'est comme mourir avant ma naissance.

Je regarde le ciel bleu avec les yeux de mon enfance. « Où va ce monde d'adultes? », je me pose la question. En guise de réponse, je sens tout d'un coup résonner dans ma tête les échos d'un monde malade. Mais... même dans un monde malade, tout n'est pas malade. Heureusement!

King Maliba

A comme Afrique

CETTE AFRIQUE MA MÈRE

Cette Afrique ma mère
Est le petit fils
De l'Europe mon père.
Et pourtant, cette Afrique est née plus tôt.

Cette Afrique ma mère
Est le petit neveu
De l'Amérique mon oncle.
Et pourtant, cette Afrique se lève très tôt.

Cette Afrique ma mère
Est le neveu
De l'Océanie mon tonton.
Et pourtant, cette Afrique ne se couche pas tôt.

Cette Afrique ma mère
Est le fils
De l'Asie ma tante.
Et pourtant, cette Afrique ne mourra pas tôt.

Paris (France), 2009

B comme Bamako

BAMAKO, ME REVOICI CHEZ MOI

Sous le soleil de la chaleur,
Dans le calme de la douleur,
Près des démons du malheur,
Me revoici chez moi.

Loin du bleu-ciel de la France,
Sous le charme de l'ambiance,
Hors des vrais tons de l'expérience,
Me revoici chez moi.

Mes yeux remplis de l'ail de la mort,
Acceptant les flammes pour renfort,
Sur mes collines, je me vois fort,
Me revoici chez moi.

Dans la vraie pagaille de la vie,
Aucune de mes femmes ne le nie,
Bien nous vivons, je ris,
Me revoici chez moi.

Dans la savane,
Sur le dos des ânes,
Sur la terre,
Respirant l'air,

Visant les oiseaux,

Marchant dans les eaux,
C'est marchant très heureux,
Marchant, pas comme un malheureux.

Bamako (Mali), été 2008

C comme Ce monde

CE MONDE

Je viens d'un monde qui n'est pas de ce monde.
Ce monde que tout le monde connaît.
N'ai-je peut-être pas moi aussi quelque chose à dire ?

Je viens d'un monde qui n'est pas de ce monde.
Ce monde que tout le monde réduit à néant,
N'ayant pas eu son ticket pour vivre,
Vivre dans ce monde sera-t-il un jour possible ?

Je viens d'un monde qui n'est pas de ce monde.
Ce monde que tout le monde déteste.
Des tests et des textes et on atteste.
Atteste-toi aussi et laisse-les mourir dans la Méditerranée.
Nés pour mourir, famine-guerre-pauvreté : telle est sa devise !

Je viens d'un monde qui n'est pas de ce monde.
Ce monde qui a décidé de rester par terre,
Parterres ornés de fleurs, parterres remplis de diamants.
Dis à Maman que son Fils a bel et bien le ventre vide.
Vide aussi est son cerveau, vide est son espoir.
Espérons que son Président se réveillera,
Se réveillera de son sommeil,
Son sommeil de la honte.
Honte à toi cher Président qui dort dans ce laid palais,
Laissant ton dernier Fils dormir encore dans la rue !

Trois-Rivières (Québec, Canada), 2019

D comme Devenir

DEVENIR

Partir à la rencontre de soi,
Dans un monde sans foi ni loi.
Sur le chemin, se souvenir, se souvenir
Que rien n'est facile, mais, il faut devenir.

Devenir qui tu veux être,
Et il n'y a pas de place pour peut-être.
Tu as pris, mon fils, le chemin de non-retour, je parle de moi.
Vas-y tout droit, fonce, ne recule devant rien, je parle de toi.

Tu sais, c'est difficile, mais nous sommes plus forts que l'enfer.
Nous sommes, nous les artistes, ce bois qui bat le fer.
Nous sommes les Reines ou les Rois de notre vie.
Nous nous en foutons de leur avis.

Du fond de mon cœur, je danse à chaque fois que je chante.
Du fond de mon âme, je chante à chaque fois que je danse.
Chanter et danser, deux mots qui semblent avoir la même racine.
Chanter et danser, deux mots qui ont le même sens, je signe.

Trois-Rivières (Québec, Canada), octobre 2023

E comme Espoir

Ô ESPOIR !

Je suis cet Homme qui est mort avant sa naissance,
Et qui ne vit que de maux après sa mort : il a brûlé sa re-
naissance !
Je suis cet Homme dont le cercueil est en sable mouvant,
Dont le cimetière est un sol brûlant.

Je suis cet Homme qui survit,
Cet Homme qui se réveille le matin par des cris,
Cet Homme qui déjeune par ses larmes chaudes et pourries,
Et qui se fait manger au dîner par les caïmans de son pipi.

Je suis cet Homme, cet Homme qui ignore encore son passé,
Cet Homme dont le présent est en mode possédé,
Cet Homme qui bafoue complètement son futur.
Ô Espoir, dis-moi, au moins, que mon âme est pure !

Paris (France), 2009

F comme Faux

LA FAUSSE LETTRE D'AMOUR

Si l'amour était là, et le bonheur là-bas,
Je ne saurais où aller, je ne saurai quel lieu choisir.
L'amour et le bonheur sont tous deux chez toi.
C'est avec toi que j'ai décidé de faire ma vie d'antan.
Je veux vivre avec toi pour le bonheur et pour le pire.
Mais, me voici maintenant un an sans toi, bientôt deux,
Et j'en ai encore pour longtemps.

Ô Afrique, mon Afrique,
Je ne suis qu'un pauvre perdu,
Insulte-moi comme tu veux.
Mais je n'y suis pour rien :
Je viens tout juste de connaître la boussole,
Et il faut qu'on se dirige tous vers le Nord,
Car au Sud, paraît-il, c'est la terreur !

Je dois te fuir, m'a dit le monde ;
Sinon je t'aime comme une ronde !
Parait-il aussi, que tu n'es pas de ce monde :
Oui, j'ai lu des journaux ;
Je suis accro aux magazines mondiaux ;

Mes cours aussi me le disent tout haut.
Oui, j'ai découvert sans le savoir, mon Afrique
Et malheureusement, que tu ne fais pas encore partie du monde.

Paris (France), 2008

G comme Guerre

Ô GUERRE !

Ô GUERRE !
Pourquoi prendre tant de vies en si peu de temps ?

Le cœur de nos femmes, voilé sous un nuage d'horreur.
Le visage de nos enfants, couvert sous un soleil qui chante
la peur.
Les larmes de nos hommes, cachées sous un volcan de terreur.

Sais-tu que ta cause est ignoble ici et là-bas ?
Et que tu ne sais rien de tout ça ?
Ce sont eux qui tirent profit de toi !
Et toi tu ne sais rien de tout ça.

Ô GUERRE !
Je pleure de toi depuis des décennies :
Mais, est-ce tu m'entends ?

Paris (France), 2015

H comme Humanité

LA BELLE FLEUR HUMAINE

J'appelle, j'appelle ces Hommes, hommes et femmes,
Qui nous interpellent le matin, et nous disent « bonjour »,
Et qu'après, on se tourne animalement le dos,
Et qu'on s'éparpille comme les branches d'un grand baobab.

J'appelle, j'appelle ces humains, ces humains avec esprits et âmes,
Qui nous interpellent dans les trains, les bus, et qui nous demandent :
« Comment tu vas ? Es-tu de tel lieu ? De tel pays ? Et comment va la famille ? »
Ils nous le demandent vraiment avec amour,
Et qu'on répond vaguement, « Bien », et qu'on leur tourne le dos,
Et qu'on s'en va, car le temps a besoin de nous.

J'appelle, j'appelle ces individus avec lesquels on cohabite,
En classe, au travail, qui s'en foutent de l'assistance à coté,
Qui se moquent du pauvre prof, du pauvre chef,
Qui tue son temps à leur expliquer,
Et qui ne sont pas aptes à écouter,
Mais ils ne peuvent pas partir.

J'appelle, j'appelle ces Hommes, hommes et femmes,
Qui nous interpellent le soir après l'effort,
Qui nous lancent le premier « bonsoir »,

Et que parfois, on n'est pas capable de répondre,
Sous prétexte qu'on est fatigué.

J'appelle, j'appelle ces personnes, perdues ou désespérées,
Qui nous interpellent à la tombée de la nuit,
Et qui nous demandent : voulez-vous faire un tour ?
Et on s'en va sans jeter le moindre regard,
Car on a peur de l'Homme.
On a peur de nous-mêmes.

Et maintenant, j'appelle, j'appelle ces individus,
Sans conscience et sans respect,
Qui nous voient perdus, tard dans la nuit,
Et quand même nous agressent,
Nous arrachent notre porte-monnaie,
Et nous mettent presqu'à mort, et s'en vont.

Et maintenant, nous nous interpellons,
Nous nous demandons, nous nous posons cette question :
Qui a donc brûlé notre belle fleur Humaine ?

Paris (France), 2009

I comme Identité

I comme Identité

VOICI MON IDENTITÉ

Je suis à une reconquête,
Celle de mon être.

Voici mon identité.
Vous n'avez qu'à l'analyser,
Et me dire qui je suis.

Voici mon identité :
Je suis vraiment noir à quarante pour cent,
Je suis Africain à deux cents pour cent,
Je ne connais même pas le tiers de ma culture ;
Et je connais depuis longtemps les six cinquièmes de la culture
occidentale ;
Il me semble avoir déjà été français, malgré mes quarante pour
cent ;
Et aujourd'hui sur une partie de ma Terre, je suis le fidèle
Cinquante-Huit ;
Je n'ai jamais su d'où est ce que je venais,
Ma ville-capitale en est témoin.
Je n'ai rien appris sur mon passé ;
Je ne connais que mon beau présent truqué ;
Et pourtant, je rêve d'un avenir radieux.

Paris (France), 2010

J comme Jugement

JE VIENS

Je viens du tiers monde,
Je ne suis pas du monde ;
Je suis du tiers monde,
Je vis immonde.

Je viens d'Afrique,
Donc je n'ai pas de fric ;
Je dois accepter toutes les critiques,
Je suis de l'Afrique.

Je viens de l'Afrique noire,
Ailleurs je n'ai aucun droit,
Même d'avoir un vulgaire manoir,
Je suis de l'Afrique noire.

Je viens de l'Afrique pure,
Je n'ai que des cultures,
Je n'ai pas de futur ;
Je suis de l'Afrique pure.

Je viens de l'Afrique perdue,
Je ne serai jamais assidu.
De la modernité, je n'ai rien entendu.
Je suis de l'Afrique perdue.

Je viens de l'Afrique profonde,
Sous mon toit, je n'ai pas de plafond,

Et que pour mes projets je n'ai jamais de fonds.
Je suis de l'Afrique profonde.

Telle est la vision du monde à mon égard,
Telle est la pensée de mes frères d'ailleurs.

Paris (France), 2008

K comme Keïta

SOUNDIATA KEÏTA

Lève-toi, marche et sors.
La femme-panthère a fui,
L'homme-panthère lui est mort de peur,
Les pythons sont rentrés très loin sous la terre,
L'hippopotame, le Maliba, s'est caché très au fond du Djoliba
Ils ont tous entendu ton nom par la voix du vent du grand Mandé.

Fils du bonheur, lève-toi, marche et sors.
Toutes les nobles femmes t'attendent devant la cour de ta mère.
Tous les autres rois se sont prosternés devant l'arc de ton père.
Les autres hommes se débattent par terre dans le champ de ton grand père.
Ils ont tous entendu ton nom par la voix du vent du grand Mandé.

Je vous parle ici du Diata des Diata.
Je parle de Soundiata, de Maridiata et de Sogolondiata.
Je vous parle du Simbo des Simbo,
De Sogossogo Simbo, de Mandé Simbo et de Simbo Sambala.
Je vous parle du roi des rois.
Je vous parle de l'unique roi titulaire du grand Mandé.
Soundiata le faible. Soundiata le fort.
Soundiata l'agneau. Soundiata le lion.
Soundiata l'infirme. Soundiata le combattant.

Lève-toi, marche et sors.

Va voir, va voir dehors.

Il est presque midi,

Et le soleil n'est pas encore sorti,

Car la belle lune du quatorzième l'avait prévenu.

Toutes les étoiles étaient filantes cette nuit,

Et seule Sogolon la reine mère les a toutes assistées.

Pour toi, elle a beaucoup prié.

Aujourd'hui Diata, tu te lèveras

Et tu sortiras du royaume en marchant à grand pas.

Regarde là-haut, Diata,

Regarde le ciel, Soundiata.

Les belles et rebelles hirondelles,

Ces annonceuses de bonnes nouvelles,

Viennent juste d'écrire ton nom, ton prénom et ton fameux surnom.

Keïta ! Soundiata ! Ah Diata ! Que tu es bon !

Diata est enfin sorti, Soundiata est sorti,

Le Diata des Diata est sorti, Maridiata est sorti.

Voyez, le fils de Keïta, le fils de Sogolon Diata qui rit.

Voyez, Keïta Soundiata est sorti.

Bamako (Mali), 2002

L comme Loi

LA LOI DES DEUX RIENS

Je salue permanemment et injurieusement cette loi,
Et aussi, fortement avec mon humaine et sauvage foi,
Je lui rends amèrement un fastidieux hommage ;
Cette loi qui brûle le pauvre en lui faisant un gommage.

Je salue encore... cette loi,
Cette loi qui est née avant moi,
Cette loi que je déteste plus que le diable en personne
Cette loi qui, dans ma tête, de terreur, résonne ;

Cette loi des humains aux âmes caractérisées ;
Qui vit dans ce monde dont l'esprit est monopolisé
Par l'argent et tous ses attributs.
Le monde est donc pourri depuis !

La loi des deux riens :
Quand on n'a rien, on est rien.
Le monde est pourtant déjà bien,
Et le monde bien le sait bien.

Paris (France), 2009

M comme Mali

LE MALI

Berceau des grands empires.
Grand pays qui inspire.
Chaque jour, mon cœur bat
Au rythme de tes pas.

Ô Mali !

Ô Mali ! Le Mali de l'empire du Ghana,
Le Mali de Ségou, de Kaarta et de Macina.
Je parle du Mali de l'empire Songhaï,
Le Mali de l'empire du Mali.

Ô Mali ! Ton *Sinangouya* me chante la vie
Pendant que ta *Diatiguiya* me dit qui je suis.
Ô Mali ! De Kayes Ba Diabaté,
Me voici à Bama Niaré.

Au même moment, les dunes de Tombouctou chantent
Et les falaises de Bandiagara dansent.
Les dunes de Tombouctou chantent
Et les falaises de Bandiagara dansent.

Berceau des grands empires.
Grand pays qui inspire.
Chaque jour, mon cœur bat
Au rythme de tes pas.

Je vois...

Je vois tous les sacrifices de nos aïeux,
Je vois aussi un avenir beau et radieux,
Je vois un Mali plus grand et prospère,
Je vois la fierté de nos mères et pères.

Je vois un Mali en paix, de Sikasso jusqu'à Kidal, en passant par Sévaré.
Je vois aussi un Mali très uni malgré les différences, malgré les difficultés.

Berceau des grands empires.
Grand pays qui inspire.
Chaque jour, mon cœur bat
Au rythme de tes pas.

Nous sommes le Mali...

Nous sommes le Mali de Soundiata, Sogolo Diata, i Keïta !
Nous sommes le Mali de Tièba Traoré, et de Babemba !
Nous sommes le Mali de Samory, Mandé Mory, i Touré !
Nous sommes le Mali d'Oumou, Wassoulou Kɔnɔ, i Sangaré !

Nous sommes le Mali
Oui... nous sommes le Mali
Nous sommes hier, aujourd'hui et demain
Nous sommes ce Grand Mali qui ne tombera jamais !

Trois-Rivières (Québec, Canada), septembre 2023

N comme Nouveau

NOUVEAU SOLEIL

Le rêve de la soirée me dicte plus que le rêve de la matinée.
Le rêve de minuit prime sur le rêve de midi.

J'ai vu, j'ai vu en rêve un soir,
Un Imam sans état d'âme qui prêchait pour les innocents religieux ;
Un Prêtre traître envers des innocents religieux ;
Un Rabbin radin d'enseigner le savoir aux innocents religieux.
J'ai vu, j'ai vu en rêve une nuit,
L'eau de la mer qui se décollait de son support,
Car elle était jalouse de la terre ;
Et une terre qui refusait de donner à un arbre ses substances nutritionnelles ;
Et un autre arbre bien nourri qui refusait de donner ses fruits à l'humanité ;
L'humanité qui s'entretuait pour les fruits d'un autre arbre.
Les faits de la matinée me dictent plus que les faits de la soirée.
Les faits de midi priment sur les faits de minuit.

J'ai vu, oui j'ai vu, ce n'était pas un rêve,
Un enfant qui commandait son père par sa simple puissance humaine ;
Un autre simple puissant père qui se comparait au puissant Dieu.
Une pensée de minuit n'est pas différente de celle de midi.
Une pensée de la soirée est égale à celle de la matinée.

Je vois, je vois par mon esprit,
Une femme enceinte de trois mois qui pense comment éliminer
son enfant
Qui n'est pas encore né.
Je vois, je vois par mon esprit,
Une personne souriante qui cache derrière ses dents
Les plus belles preuves de haine.
Je vois, je vois aussi par mon esprit,
Une femme souffrante qui pleure par son sourire
Car elle ne veut pas inquiéter son entourage.

Je vois aussi, oui, je vois
Un enfant abandonné qui ne vit que des pas qu'il fait chaque
jour...
Dans un pays qui est gouverné par un président
Un président qui dort tranquillement dans un palais.

Paris (France), 2009

O comme Occident

LA VOIX DE L'OCCIDENT

J'étais chez moi,
Je ne vivais que du bonheur,
Dans ma belle télé circulait une voix,
Belle comme celle d'un slameur.

Cette voix nous appelle,
Et nous montre une vie belle.
Nous n'y sommes pour rien,
C'est l'Occident qui nous appelle et le fait très bien.

L'Occident très bien, nous tente.
Que ceux qui sont forts de nous résistent.
Lorsqu'on est chez nous, innocents,
L'Occident nous montre son merveilleux visage craquant,

Que les Occidentaux eux-mêmes n'ont jamais vu, jamais...
Ou du moins que les Occidentaux eux ne verront jamais.
L'Occident est plus présent chez moi,
Plus qu'il ne l'est chez lui-même. Qu'ai-je encore fait moi ?

Lorsque j'étais chez moi,
Je n'entendais que cette voix
Belle comme celle de la grande Djeneba Seck,
Je ne pouvais donc pas voir que l'Occident était aussi sec.

Paris (France), 2008

P comme Paris

PARIS

Paris était mon compte en vue.
Paris était mon épargne depuis.
Paris était ma fiancée,
Avant que je ne me sois lancé.

J'ai découvert Paris au lit,
Paris me jura de pourrir les vies.
Je n'en crois pas mes yeux !
Paris était pourtant la ville mystérieuse de mes aïeux.

Ceux qui sont au fond de moi,
Ceux pour qui Paris était une foi.
Paris m'a montré l'impossible.
Paris est pourtant capable.

Paris s'était cachée
Derrière une ombre panachée.
C'est ainsi que l'ombre mystérieuse naissait.
Paris croyait que personne ne la connaissait.

C'est à Paris que l'Homme oublie
Qu'il est venu au monde tout petit,
Dans les bras des gens,
Des gens innocents.

Paris (France), 2008

Q comme Québec

LA MAGIE DU QUÉBEC

Je sens monter en moi la magie d'être Québécois,
Une extase sans fin qui m'élève au rang des Hommes de loi,

Une Liberté infinie d'être moi sur les Sentiers de ma vie,
Jusqu'au tréfonds de mon surmoi par la grâce de la Québe-
comanie.

La magie de vivre en Paix sur un petit bout de Paradis,
Au milieu d'un Peuple attentionné d'une Ouverture bien bâtie !

Joie de vivre sans être ivre !
Bonheur au rendez-vous pour de bonnes heures !

Vive le Québec, vive le Québec, vive le Québec !
Même mort je le chanterai, en sortant de ma tombe, mon
petit bec !

Trois-Rivières (Québec, Canada), juin 2017

R comme Réveil

LE RÉVEIL

Réveille-toi, réveille-toi mon Afrique.
Tu dois maintenant accoucher !

Tes montagnes se sont creusées des yeux :
Elles veulent voir ton Enfant ;
Tes vallées marchent désormais sur la Terre,
Elles viennent à grands pas vers toi,
Elles veulent, elles aussi, voir ton Enfant ;
Tes beaux acacias aux cœurs légers chantent :
Leurs voix sont les plus belles du monde ;
Tes bois Samba applaudissent à la Samba brésilienne ;
Et tes grands baobabs aux pieds lourds dansent.

Ne vois-tu pas la Terre trembler ?
Ils veulent tous voir ton Enfant.

Afrique ma terre, Afrique notre mère,
Ouvre tes yeux, Afrique, ouvre-les s'il te plait,
Tes fils désespérés sont à bout de souffle,
Ils veulent enfin voir en face l'Espoir.
Qu'est-ce que tu sais que nous ne savons pas ?
Dis-le-moi, mon Afrique. Dis-le-moi, ma Terre.
Parle-moi. Parle-nous.
Désormais sur ta terre,
Tout le monde t'entend, tout le monde te voit :
Tes fils d'en haut, tes fils d'en bas,

Tes fils non-voyants, tes fils sourds.
Tout le monde t'entend, tout le monde te voit.

Raconte-nous : qu'a dit la sage-femme au cœur impur ?
Oh oui, c'est vrai : aujourd'hui, tu as fait l'échographie.
Qu'as-tu vu ? Qui a donc brûlé ton Ordonnance ?

Bamako (Mali), 2006

S comme Salutations

JE VOUS SALUE

Vous qui m'aviez pêché
Dans mon très lointain village abandonné ;
À me lire, vous qui l'aviez cherché,
Vous qui m'aviez presque tout donné.

Vous qui rendez solennellement âme à ma plume ;
Vous qui m'offrez de rêveuses dunes ;
Vous qui brûlez mon cœur d'une douce flamme
Sur les chantiers perdus éclairés par la lune,

Sur les fleuves bons et amers,
Dans les villes, aussi près des mers ;
Pour vous sont tous ces vers.
Aussi, quelques fois dans vos imaginations qui vont vers...

Bienvenue à toi nouveau visiteur, installe-toi sans peur dans
la rosée.
Déjà, qu'est-ce que je disais ?
Oh non, je ne me suis pas vraiment perdu ! Puis-je oser ?
Ce sont vos visages aimables et doux que je visais.

Ô mon Dieu, que vous êtes beaux !
Pour la première fois, je ne vois aucun défaut.
Vos esprits et vos âmes crient dans ma tête la plus belle chanson
Qui me donne le plus harmonieux de tous les frissons.

Que les terres, basse et haute vous protègent !

Et créent en votre honneur de fabuleux cortèges !
Que le diable vous épargne !
Et que votre belle âme soit votre compagne !

Paris (France), 2009

T comme Terre

TERRE NATALE

Belle Terre,
Sais-tu que c'est toi, ma Terre mère ?

Toi ma Première Patrie,
Toi sur laquelle, pour la première fois, j'ai ri.

Toi sur laquelle j'ai vu le jour,
Toi, je t'aimerai pour toujours.

Je t'ai découvert à travers
La nuit et le beau jour vert.

Ma Terre, ma mère,
Ma Terre natale, Ô toi mon mental,

Pendant que le rythme des pas de tes hommes
Battait son plein,
Avec ton entière âme,
Tu me nourrissais sans frein ;

Pendant que l'ambiance de tes femmes
Était fatale,
Tu me protégeais des flammes,
Toi ma douce natale.

À travers le jour,
À travers la nuit,
Je te chanterai toujours,
Même après minuit.

Ô Cote d'Ivoire !
Ô mon Ivoire !
Ô Danané :
C'est ici que je suis né.

Paris (France), 2009

U comme Union

TOUS UNIS

Ensemble sur terre,
Qu'est-ce qu'on ne pourra pas faire ?
Tous, ensemble, tous unis,
Qu'est ce qui pourra nous désunir ?

Ensemble sur terre,
Oui, on pourra tout faire.
Tous, ensemble, tous unis,
Rien ne pourra nous désunir.

Main dans la main.
Ensemble pour être vraiment ensemble.
Main dans la main.
Pour attraper les bonnes antilopes.
Pour brûler les vilaines scies.
Pour former ensemble un seul nid
Oubliant ainsi, tous ensemble, le fric.

Ensemble sur terre,
Oui, on pourra tout faire.
Tous, ensemble, tous unis,
Rien ne pourra nous désunir.

Paris (France), 2010

V comme Vouloir

JE VEUX ÊTRE

Je veux être le toit
Des maisons sans toit, quand il pleut ;
Être aussi la maison des sans-abris.
Je veux être la couverture
Pour la personne qui a froid ;
Être l'eau pour l'assoiffé ;
Être le pain pour l'affamé.

Je veux être l'enfant de la femme stérile ;
Être aussi le parent de l'enfant sans parent.
Je veux être les Yeux de l'Aveugle ;
Être aussi les Pieds de l'Infirme.
Je veux être les Oreilles du Sourd ;
Être aussi la Voix du Muet.

Je veux être la fraicheur de l'été ;
Être aussi la chaleur de l'hiver.
Je veux être le remède pour les malades ;
Être aussi de l'espoir pour les désespérés.
Je veux être la compréhension des élèves médiocres ;
Être aussi les compléments des notes des élèves qui doivent
échouer.

Mon fils ne peut pas dormir au palais ;
Et d'autres enfants dans les rues, c'est laid !
Je veux être toute la misère de la Terre, et mourir,
Pour que mon vent réinventé puisse nourrir.

Je veux être aussi toute la haine du monde, et mourir avec ;
Et être après, un vent rempli d'amour lancé vers toutes et tous
par un arc !

Paris (France), 2009

W comme Wagon

LE WAGON DE LA VIE

Vie, notre fidèle étrangère !
Je vous parle ici de rien ;
De cette chose qu'on vit très bien
Sans savoir d'où elle vient.

Pourtant on le nie,
La valeur de la vie :
C'est l'humain qui rit.

L'Homme est né,
Il a été baptisé,
Il a animé ;

Se dira de la vie de tout un chacun un jour,
Lorsqu'elle finira son séjour,
Car elle ne pourra plus nous dire bonjour.

C'est le vivant qui dit :
« À mercredi » ;
Et s'en ira très loin de nous mardi.

C'est cette vie qui nous donne le pouvoir,
Nous fait vivre de l'espoir,
Et nous dira un jour au revoir.

Paris (France), 2009

X comme Xénophobie

DIS-MOI

Dis-moi,
Sais-tu au moins que tu es venu.e trouver la terre ?
Oui, tu es venu.e trouver la terre,
Et tu partiras pour laisser la terre.

Dis-moi,
N'est-ce pas que tu vas au petit coin ?
Oui, moi aussi je vais au petit coin.
Ce refugié aussi, sa femme aussi, son enfant aussi.
Ils ont juste besoin d'un petit bout de terre pour pouvoir aller
au petit coin, eux aussi.

Chère âme passante,
As-tu déjà eu une envie pressante?
Dis-moi, dis-moi...

Nous ne sommes peut-être pas dans le même bateau,
Mais nous sommes pris dans la même tempête.
Nous n'avons peut-être pas les mêmes problèmes,
Mais nous avons tous les mêmes besoins.
Nous sommes comme les différents organes vitaux d'un même
corps.

Paris (France), 2016

Y comme Yeux

SUR LES LENTILLES DE SES YEUX

Sur les lentilles
De ses yeux
Je me vois.
Elle fait la gentille
Mon Dieu,
De ne pas me voir !

Pitié !
Et pourtant,
Je crois qu'elle
Me voit.
Humilié !
Et tant,
Alors ma Belle
Au revoir.

Au revoir de maintenant
Jusqu'à l'infini le plus fini.
L'art de te revoir un jour
Chauffe très fort mon cœur
Avec un vent glacial d'un hiver québécois,
Et le refroidit

D'un coup de soleil
D'un été très chaud dans le désert à Tombouctou.

Paris (France), 2013

Z comme Zululand

GRAND CHANT POUR MANDELA

Mandela, Nelson Mandela !
Retentissaient ce jour, les tam-tams les plus fous d'Afrique.
Mandela, Nelson Mandela !
Chantaient ce jour, les femmes les plus nobles d'Afrique.
Mandela, Nelson Mandela !
Déclamaient ce jour, les esprits des hommes les plus purs d'Afrique.

Des jours sont morts, lui n'est pas mort.
Des nuits sont nées, lui était déjà né.
Criez, chantez, arrachez, osez,
Mandela est né, Mandela n'est pas mort.

27 ans sont nés,
Mandela était né.
27 ans sont morts,
Mandela n'est pas mort.

Enfin, voilà enfin !
Parlaient ce jour, les eaux les plus douces d'Afrique.
Contents, nous sommes très contents !
Gémissaient ce jour, les arbres les plus grands d'Afrique.
Mandela, Nelson Mandela !
Criaient ce jour, les terres les plus vivaces d'Afrique.

Écoutez-le, son cran, sa force, il nous parle.
Lui qui sait quoi dire, où et quand.

Le monde est vieux, Mandela est un grand.
Le voilà assis, le revoilà qui marche. Lui qui pardonne.

Bamako (Mali), 2007

TABLE DES MATIÈRES